Geld verdienen mit
Verleih

Sharing Economy und ihr Geschäftsmodell Vermietung

Dieses Buch bietet einen umfassenden Leitfaden für angehende Unternehmer, die ein Verleihgeschäft gründen und erfolgreich führen möchten.

Von der Konzeption und Planung über das Marketing bis hin zur Finanzverwaltung und Kundenbindung werden alle wichtigen Aspekte behandelt.

Dieses Buch ist ein unverzichtbarer Begleiter für diejenigen, die in die Welt des Verleihens eintauchen und einen positiven Einfluss auf die Gesellschaft und die Umwelt ausüben möchten.

Vorwort

Liebe Leserinnen und Leser,

es freut mich außerordentlich, Ihnen dieses Buch über die Gründung und das Management eines Verleihgeschäfts vorstellen zu dürfen. In einer Zeit, in der der Konsum von Ressourcen und Gegenständen immer mehr in den Fokus der Nachhaltigkeit gerückt ist, bietet das Vermietungsmodell eine attraktive Alternative zum Kauf. Ob Sie bereits einen festen Geschäftsplan haben oder einfach nur neugierig auf die Welt des Verleihens sind, dieses Buch wurde geschrieben, um Ihnen die essenziellen Kenntnisse und praktischen Ratschläge zu vermitteln, die Sie benötigen, um erfolgreich in diese spannende Branche einzusteigen.

Die Idee für dieses Buch entstand aus meiner eigenen Leidenschaft für Unternehmertum und der Überzeugung, dass Verleihgeschäfte nicht nur eine wirtschaftlich sinnvolle Option, sondern auch eine Möglichkeit sind, einen positiven Einfluss auf die Umwelt auszuüben. Indem wir Ressourcen gemeinsam nutzen, können wir dazu beitragen, den ökologischen Fußabdruck zu verringern und gleichzeitig wirtschaftlich erfolgreich zu sein.

Mein Ziel mit diesem Buch ist es, Sie auf eine Reise mitzunehmen - von den grundlegenden Überlegungen zur Gründung eines Verleihgeschäfts bis hin zur Feinabstimmung Ihrer Betriebsabläufe, zum Finanzmanagement und zur Entwicklung erfolgreicher Marketingstrategien. Jedes Kapitel wurde mit großer Sorgfalt erstellt, um Ihnen praxisnahe Informationen und bewährte Verfahren zu bieten, die Sie auf Ihrem Weg unterstützen.

Es ist jedoch wichtig zu betonen, dass der Erfolg eines Verleihgeschäfts nicht nur von theoretischem Wissen, sondern auch von Ihrer Leidenschaft, Ihrem Engagement und Ihrer Bereitschaft zur Anpassung abhängt. Die Welt des Unternehmertums ist dynamisch und erfordert kontinuierliches Lernen und Wachstum. Dieses Buch ist Ihr Ausgangspunkt, aber Ihre persönliche Reise wird individuell sein.

Ich möchte mich bei allen Personen bedanken, die an der Entstehung dieses Buches beteiligt waren, sei es durch ihre Fachkenntnisse, ihre Erfahrungen oder ihre Unterstützung bei der Recherche und Erstellung.

Abschließend hoffe ich, dass dieses Buch Ihnen nicht nur dabei hilft, ein erfolgreiches Verleihgeschäft aufzubauen, sondern auch dazu ermutigt, einen positiven Beitrag zur Umwelt und zur Wirtschaft zu leisten. Ich wünsche Ihnen viel Erfolg auf Ihrem Weg und hoffe, dass Sie genauso begeistert von der Welt des Verleihens sind wie ich es bin.

Mit herzlichen Grüßen,

Ihr Robert Brandt

Inhaltsverzeichnis

Kapitel 1: Einführung in die Vermietungsbranche

1.1 Die Sharing Economy

Die Vermietungsbranche, auch bekannt als Teil der Sharing Economy oder Collaborative Consumption, hat in den letzten Jahren erheblich an Bedeutung gewonnen. In einer Welt, in der Nachhaltigkeit, Zugänglichkeit und Effizienz immer wichtiger werden, bietet die Vermietung von Gegenständen und Dienstleistungen eine attraktive Alternative zum herkömmlichen Kauf. In diesem Kapitel werden wir die Grundlagen der Vermietungsbranche erkunden und die Chancen und Herausforderungen für Gründer in diesem aufstrebenden Sektor beleuchten.

1.2 Was ist die Vermietungsbranche?

Die Vermietungsbranche ist ein vielfältiger Sektor, der eine breite Palette von Angeboten umfasst. Hierbei geht es nicht nur um die Vermietung von physischen Gegenständen wie Werkzeugen, Fahrzeugen oder Immobilien, sondern auch um die Vermietung von Dienstleistungen wie Unterkünften, Transport und sogar Arbeitskraft. Die gemeinsame Nutzung von Ressourcen steht im Mittelpunkt dieser Branche, wobei Menschen ihre Besitztümer oder Fähigkeiten mit anderen teilen, um einen Mehrwert zu schaffen.

1.2.1 Arten von Vermietungsgeschäften

Die Vermietungsbranche kann in verschiedene Kategorien unterteilt werden:

- **Gegenstände**: Hierzu gehören die Vermietung von Werkzeugen, Sportausrüstung, Elektronik, Möbeln und vielen anderen physischen Gegenständen.

- **Fahrzeuge:** Dies umfasst die Vermietung von Autos, Fahrrädern, Booten und sogar Wohnmobilen.
- **Immobilien:** Dies bezieht sich auf die Vermietung von Wohnungen, Ferienhäusern, Büroflächen und anderen Immobilien.
- **Dienstleistungen:** Dienstleistungsvermietungen können die Vermietung von professionellen Dienstleistungen wie Handwerkern, Köchen oder Chauffeuren beinhalten.
- **Digitale Vermietung:** In dieser Kategorie werden digitale Güter wie Filme, Musik oder Software vermietet.
- **Transport:** Dies beinhaltet Carsharing, Fahrgemeinschaften und die gemeinsame Nutzung von Fahrdiensten wie Uber oder Lyft.

1.2.2 Vorteile der Vermietungsbranche

Die Vermietungsbranche bietet sowohl für Anbieter als auch für Kunden eine Vielzahl von Vorteilen:

- **Nachhaltigkeit:** Die gemeinsame Nutzung von Ressourcen reduziert die Notwendigkeit für den Kauf neuer Gegenstände und trägt zur Reduzierung von Abfall und Ressourcenverbrauch bei.
- **Zugänglichkeit:** Vermietungsdienste ermöglichen es Menschen, auf Gegenstände und Dienstleistungen zuzugreifen, die sie sich möglicherweise nicht leisten können oder die sie nur gelegentlich benötigen.
- **Kosteneffizienz:** Kunden können Geld sparen, indem sie Gegenstände mieten, anstatt sie zu kaufen, und Anbieter können Einnahmen erzielen, indem sie ihre ungenutzten Ressourcen vermieten.
- **Flexibilität:** Die Vermietungsbranche bietet eine hohe Flexibilität, da Kunden die Möglichkeit haben, Gegenstände oder Dienstleistungen je nach Bedarf und Zeitraum zu mieten.

Ein Verleih kann sehr gut nebenberuflich betrieben werden und so zusätzliche Einnahmen generieren.

1.3 Die Sharing Economy in Zahlen

Die wachsende Bedeutung der Sharing Economy ist anhand beeindruckender Statistiken ersichtlich. Laut einer Studie von PwC wird der globale Sharing-Economy-Markt bis 2025 voraussichtlich auf 335 Milliarden US-Dollar anwachsen. Dies zeigt, dass immer mehr Menschen die Vorteile der gemeinsamen Nutzung erkennen und nutzen.

Das Statistische Bundesamt ermittelt für das Jahr 2019 für die Vermietung von beweglichen Sachen in Deutschland einen Gesamtumsatz von 64,7 Milliarden Euro durch 23.200 Unternehmen. Insgesamt arbeiten 155.600 Personen in dieser Branche mit durchschnittlich sieben Mitarbeitern je Betrieb. Der Personalaufwand lag bei 5,2 Milliarden Euro und für Material wurden 34,9 Milliarden aufgewendet. Je 100 Euro Umsatz wurden ca. 44 Euro investiert.

1.3.1 Beliebte Vermietungskategorien

Ein Blick auf einige der beliebtesten Vermietungskategorien zeigt die Vielfalt der Vermietungsbranche:

- **Ferienwohnungen**: Plattformen wie Airbnb und Vrbo haben die Art und Weise, wie Menschen Unterkünfte buchen, revolutioniert.
- **Fahrzeuge**: Carsharing-Dienste wie Zipcar und Ride-Sharing-Apps wie Uber haben den Transportsektor verändert.
- **Werkzeuge und Ausrüstung**: Dienstleistungen wie ToolShare ermöglichen es Menschen, Werkzeuge und Ausrüstung zu mieten, die sie für Heimwerkerprojekte benötigen.
- **Kleidung und Accessoires**: Plattformen wie Rent the Runway bieten Designerkleidung und Accessoires zur Vermietung an.

1.4 Chancen und Herausforderungen für Gründer

Die Vermietungsbranche bietet zweifelsohne aufregende
Möglichkeiten für Gründer, die bereit sind, sich auf diese
wachsende Bewegung einzulassen. Es gibt jedoch auch
Herausforderungen, die es zu bewältigen gilt.

1.4.1 Chancen

- **Innovationspotenzial**: Die Branche ist reif für Innovationen
  und neue Geschäftsmodelle, insbesondere in Nischenmärkten.
- **Niedrigere Einstiegshürden**: Der Einstieg in die
  Vermietungsbranche kann vergleichsweise kostengünstig sein,
  da Anbieter oft vorhandene Ressourcen nutzen können.
- **Skalierbarkeit**: Bei erfolgreicher Umsetzung kann ein
  Vermietungsgeschäft leicht auf neue Märkte oder
  Produktkategorien erweitert werden.

1.4.2 Herausforderungen

- **Wettbewerb**: Die Vermietungsbranche ist stark umkämpft, und
  es gibt viele etablierte Spieler. Neue Anbieter müssen sich
  differenzieren.
- **Rechtliche Aspekte**: Die rechtlichen und regulatorischen
  Anforderungen können je nach Standort und Geschäftsmodell
  komplex sein.
- **Sicherheit und Haftung**: Die Sicherheit von Gegenständen oder
  Dienstleistungen sowie Haftungsfragen sind wichtige
  Überlegungen.
- **Vertrauen aufbauen**: Kunden müssen Vertrauen in die
  Vermietungsdienste und Anbieter haben, was Zeit und
  Anstrengungen erfordert.
- **Vertrauen aufbauen**: Kunden müssen Vertrauen in die
  Vermietungsdienste und Anbieter haben, was Zeit und
  Anstrengungen erfordert.
- **Kapitalbedarf**: Die Anschaffungskosten der zu verleihenden
  Gegenstände können hoch sein und viel Kapital binden.

1.5 Fazit

Die Vermietungsbranche bietet eine aufregende Chance für Gründer, die bereit sind, die Chancen und Herausforderungen dieser aufstrebenden Branche anzunehmen. Dieses Buch wird Sie auf eine Reise führen, um alle Aspekte der Gründung und Führung eines Verleihgeschäfts zu verstehen. In den folgenden Kapiteln werden wir uns eingehender mit den spezifischen Schritten befassen, die erforderlich sind, um ein erfolgreiches Vermietungsgeschäft aufzubauen und zu betreiben. Von der Geschäftskonzeption über die rechtlichen Aspekte bis zur Implementierung von Verwaltungssystemen - wir werden alle wichtigen Themen abdecken, um Ihnen bei Ihrem Unternehmenserfolg zu helfen.

Kapitel 2: Geschäftskonzept und Planung

2.1 Die Bedeutung eines klaren Geschäftskonzepts

Die erfolgreiche Gründung und Führung eines Verleihgeschäfts beginnt mit einem klaren und durchdachten Geschäftskonzept. Dieses Konzept bildet die Grundlage für Ihre gesamte Unternehmung und hilft Ihnen dabei, Ihre Ziele und Strategien zu definieren. In diesem Kapitel werden wir besprechen, wie Sie ein solides Geschäftskonzept entwickeln und warum dies von entscheidender Bedeutung ist.

2.2 Die Geschäftsidee entwickeln

2.2.1 Identifizieren Sie Ihre Leidenschaft und Expertise

Beginnen Sie mit dem, was Sie kennen und lieben. Überlegen Sie, welche Fähigkeiten, Kenntnisse oder Interessen Sie haben, die sich für die Vermietung eignen könnten. Dies kann von handwerklichen Fähigkeiten bis zur Leidenschaft für Outdoor-Aktivitäten reichen.

Alternativ dazu können Sie auf bewährte Konzepte zurückgreifen, die sich weltweit bewährt haben. Beispiele dafür sind der Verleih von Fahrrädern, Elektronikgeräte, Werkzeuge und Baumaschinen, Kostüme und Partyzubehör oder Outdoor-Ausrüstung.

2.2.2 Marktnische finden

Analysieren Sie den Markt, um eine Nische oder eine unerfüllte Nachfrage zu identifizieren. Überlegen Sie, welche Art von Vermietungsgeschäft in Ihrer Region oder in einem speziellen

Segment fehlt. Das Finden einer Marktnische kann Ihnen helfen, sich von der Konkurrenz abzuheben.

Denken Sie zum Beispiel an den Verleih von hochwertigen Teleskopen und astronomischer Ausrüstung für Sternenliebhaber, den Verleih von Luxusuhren für Uhrenenthusiasten oder sogar den Verleih von besonderen Partydekorationen für Themenpartys. Die Vielfalt der Nischen im Verleihgeschäft ist erstaunlich und zeigt, dass es immer Raum für Kreativität und spezielle Angebote gibt, die die Bedürfnisse einer bestimmten Zielgruppe erfüllen.

2.2.3 Zielgruppenidentifikation

Definieren Sie Ihre Zielgruppe genau. Wer sind Ihre potenziellen Kunden? Welche Bedürfnisse haben sie? Die Kenntnis Ihrer Zielgruppe ist entscheidend für die Entwicklung von Produkten oder Dienstleistungen, die auf ihre Bedürfnisse zugeschnitten sind.

Der Verleih z.B. von Hüpfburgen ist ein unterhaltsames und profitables Geschäft, das eine breite Palette von Zielgruppen anspricht. Insbesondere Eltern von Kindern im Vorschul- und Grundschulalter sind eine wichtige Zielgruppe. Diese Eltern suchen oft nach Möglichkeiten, die Geburtstagsfeiern ihrer Kinder unvergesslich zu gestalten. Auch Eventplaner und Veranstalter von öffentlichen Festen sind eine bedeutende Zielgruppe, da sie regelmäßig Hüpfburgen für Messen, Festivals und Firmenveranstaltungen benötigen. Schulen und Kindertagesstätten, die Outdoor-Aktivitäten organisieren, gehören ebenfalls zur Zielgruppe. Nicht zu vergessen sind auch Unternehmen, die Teambuilding-Veranstaltungen organisieren und nach unterhaltsamen Elementen suchen, um die Mitarbeiterbindung zu stärken. Die Vielfalt der Zielgruppen im Bereich Hüpfburgverleih bietet eine breite Palette von Geschäftsmöglichkeiten für aufstrebende Unternehmer.

2.3 Die Bedeutung eines Geschäftsplans

Ein Geschäftsplan ist ein unverzichtbares Instrument für die Planung und Führung eines Verleihgeschäfts. Er dient nicht nur dazu, Ihre Ideen zu organisieren, sondern auch dazu, potenzielle Investoren und Kreditgeber zu überzeugen. Hier sind einige Schlüsselelemente, die in Ihren Geschäftsplan aufgenommen werden sollten:

2.3.1 Executive Summary

Die Executive Summary ist eine Zusammenfassung Ihres Geschäftsplans und sollte einen Überblick über Ihr Geschäftskonzept, Ihre Ziele, Ihre Zielgruppe und Ihre finanziellen Prognosen bieten. Dies ist der erste Eindruck, den potenzielle Investoren erhalten.

2.3.2 Geschäftskonzept

Beschreiben Sie Ihr Geschäftskonzept im Detail. Erklären Sie, welche Art von Vermietungsdienstleistungen Sie anbieten werden und wie diese sich von anderen auf dem Markt abheben.

2.3.3 Marktanalyse

Führen Sie eine gründliche Marktanalyse durch. Wer sind Ihre Hauptkonkurrenten? Welche Trends und Chancen gibt es in der Branche? Wie groß ist Ihr potenzieller Markt?

2.3.4 Marketingstrategie

Beschreiben Sie Ihre Marketingstrategie, um Kunden anzulocken und zu binden. Dies umfasst Online-Marketing, soziale Medien, Werbung und andere Werbemaßnahmen.

2.3.5 Betriebs- und Organisationsstruktur

Erklären Sie, wie Ihr Verleihgeschäft operativ funktionieren wird. Welche Prozesse und Systeme werden Sie implementieren? Beschreiben Sie auch die Organisationsstruktur Ihres Teams.

2.3.6 Finanzprognosen

Stellen Sie finanzielle Prognosen auf, die Einnahmen, Ausgaben, Gewinn- und Verlustrechnungen sowie Cashflow-Projektionen umfassen. Dies ist entscheidend, um die finanzielle Machbarkeit Ihres Geschäfts zu beweisen.

2.3.7 Finanzierung und Kapitalbedarf

Geben Sie an, wie viel Kapital Sie benötigen, um Ihr Verleihgeschäft zu starten und zu betreiben. Erläutern Sie, wie Sie dieses Kapital beschaffen werden, sei es durch Eigenkapital, Darlehen oder Investoren.

Sie können den Kapitalbedarf reduzieren, indem Sie Leihobjekte gebraucht erwerben oder über Kredite bzw. Leasing finanzieren.

2.4 Die Risiken und Herausforderungen berücksichtigen

Es ist wichtig, sich der Risiken und Herausforderungen bewusst zu sein, die mit der Gründung eines Verleihgeschäfts einhergehen können. Dazu gehören:

- **Konkurrenz:** Die Vermietungsbranche kann stark umkämpft sein, und es gibt bereits etablierte Player. Es ist wichtig, einen klaren Wettbewerbsvorteil zu entwickeln.
- **Rechtliche Aspekte:** Die rechtlichen Anforderungen und Vorschriften variieren je nach Standort und Geschäftsmodell. Stellen Sie sicher, dass Sie alle rechtlichen Aspekte verstehen und einhalten.

- **Sicherheit und Haftung:**Die Sicherheit von gemieteten Gegenständen oder erbrachten Dienstleistungen ist ein zentraler Aspekt. Stellen Sie sicher, dass Sie geeignete Sicherheitsmaßnahmen implementieren und Haftungsfragen klären, um mögliche Risiken zu minimieren.
- **Wirtschaftliche Unsicherheit:** Die wirtschaftliche Lage kann sich auf die Nachfrage nach Vermietungen auswirken. Planen Sie mögliche Schwankungen ein und entwickeln Sie Strategien zur Anpassung.
- **Vertrauensaufbau:** Vertrauen ist entscheidend in der Sharing Economy. Es kann Zeit und Anstrengung erfordern, das Vertrauen Ihrer Kunden aufzubauen, insbesondere wenn Sie neu auf dem Markt sind.

2.5 Fazit

Ein solides Geschäftskonzept und ein gut durchdachter Geschäftsplan sind die Grundpfeiler für den Erfolg eines Verleihgeschäfts. Dieses Kapitel hat die Bedeutung dieser Elemente hervorgehoben und Ihnen gezeigt, wie Sie Ihre Geschäftsidee entwickeln und in einen klaren Plan umsetzen können. In den kommenden Kapiteln werden wir uns mit weiteren Aspekten befassen, darunter rechtliche und finanzielle Überlegungen, die Auswahl von Vermietungsgegenständen und die Entwicklung einer effektiven Marketingstrategie. Denken Sie daran, dass die Zeit und Mühe, die Sie in die Planung investieren, den Grundstein für Ihren Erfolg legen werden.

Kapitel 3: Rechtliche und regulatorische Aspekte

3.1 Die Bedeutung rechtlicher Klarheit

Die Vermietungsbranche unterliegt je nach Standort und Geschäftsmodell einer Vielzahl von rechtlichen und regulatorischen Anforderungen. Um ein erfolgreiches und rechtskonformes Verleihgeschäft zu betreiben, ist es entscheidend, die relevanten rechtlichen Aspekte zu verstehen und zu beachten. In diesem Kapitel werden wir die wichtigsten rechtlichen Überlegungen beleuchten, denen Sie als Gründer eines Verleihgeschäfts gegenüberstehen.

3.2 Geschäftstyp und Rechtsstruktur

3.2.1 Auswahl des Geschäftstyps

Die Wahl des richtigen Geschäftstyps ist ein entscheidender Schritt. Dies kann die Form eines Einzelunternehmens, einer Gesellschaft mit beschränkter Haftung (GmbH), einer Aktiengesellschaft (AG) oder einer anderen Rechtsform annehmen. Die Auswahl hängt von verschiedenen Faktoren ab, einschließlich Haftung, Steuern und Verwaltung.

Verleihen Sie nebenberuflich, dann bietet sich u.U. ein Gewerbe als Einzelunternehmer oder eine haftungsbeschränkte Unternehmer-gesellschaft (UG) an.

3.2.2 Rechtsstruktur und Haftung

Die Rechtsstruktur Ihres Verleihgeschäfts beeinflusst Ihre persönliche Haftung. Eine UG oder GmbH bietet beispielsweise begrenzte Haftung, während Sie als Einzelunternehmer persönlich für Schulden und Haftungsansprüche haften könnten. Die Wahl der richtigen Rechtsstruktur kann Ihr persönliches Vermögen schützen.

3.3 Genehmigungen und Lizenzen

Je nach Standort und Art des Vermietungsgeschäfts sind möglicherweise spezielle Genehmigungen und Lizenzen erforderlich. Es ist wichtig, sich über die lokalen Vorschriften und Anforderungen zu informieren. Hier sind einige Beispiele:

3.3.1 Gewerbeerlaubnis

In vielen Ländern und Regionen ist eine Gewerbeerlaubnis erforderlich, um ein Vermietungsgeschäft zu betreiben. Dies ist oft der erste Schritt, um legal tätig zu sein.

Normalerweise reicht eine einfache Gewerbeanmeldung bei der lokalen Gemeinde- oder Stadtverwaltung. Eine Eintragung im Handelsregister wird als Einzelunternehmer nicht benötigt.

3.3.2 Branchenspezifische Lizenzen

Bestimmte Vermietungskategorien erfordern spezielle Lizenzen. Zum Beispiel benötigen Autovermietungen oft eine Lizenz für den Autohandel und den Betrieb von Mietfahrzeugen.

Auskunft kann hier eine Anfrage bei der zuständigen IHK des eigenen Bundeslandes geben bzw. das Gewerbeamt.

3.3.3 Steuern

Steuern sind ein wichtiger rechtlicher Aspekt. Sie müssen Umsatzsteuern erheben und möglicherweise Einkommensteuern auf Ihre Gewinne zahlen. Die genauen Steuervorschriften variieren je nach Standort und Rechtsform.

Bei geringen Umsätzen (aktuell unter 22.000 EUR jährlich) kann man sich per "Kleinunternehmerregelung" von der Umsatzsteuer durch Antrag beim Finanzamt befreien lassen.

Unter Umständen ist es sinnvoller keine Kleinunternehmerregelung zu wählen, weil man dann die Vorsteuer von den angeschafften Leihobjekten zurückerstattet bekommt.

Am besten gehen Sie auf einen Steuerberater zu, der ohnehin für die Buchhaltung, Einnahmen/Überschussrechnung und ggf. Bilanz benötigt wird.

3.4 Vertragsgestaltung und Haftung

3.4.1 Mietverträge

Mietverträge sind rechtliche Dokumente, die die Bedingungen der Vermietung festlegen. Sie sollten klar und umfassend sein, um Missverständnisse zu vermeiden. Wichtige Elemente eines Mietvertrags sind Mietdauer, Gebühren, Pflichten des Mieters und des Vermieters sowie Haftungsklauseln.

3.4.2 Haftung und Versicherung

Die Haftung ist ein entscheidendes Thema in der Vermietungsbranche. Es ist wichtig, die Haftung sowohl für Schäden an gemieteten Gegenständen als auch für eventuelle Verletzungen oder Unfälle zu klären. Dies kann die Auswahl der richtigen Versicherungspolicen einschließen, um sich vor Risiken zu schützen.

Prüfen Sie die Bedienungsanleitungen der Verleihobjekte, da einige Hersteller die Haftung für eine gewerbliche Nutzung ausschließen. In diesem Fall haften u.U. Sie.

Importieren Sie die Objekte von außerhalb der EU, dann werden Sie dadurch zum Quasi-Hersteller und sind für Konformität, CE, TÜV,

GS-Prüfung, Entsorgung usw. verantwortlich. Es empfiehlt sich besser innerhalb der EU zu kaufen.

3.5 Datenschutz und Privatsphäre

Der Schutz der Privatsphäre und die Einhaltung von Datenschutzvorschriften sind in der heutigen digitalen Welt von entscheidender Bedeutung. Stellen Sie sicher, dass Sie die Datenschutzbestimmungen Ihres Landes oder Ihrer Region verstehen und sich daran halten, insbesondere wenn Sie Kundendaten sammeln.

3.6 Internationale Geschäftsüberlegungen

Wenn Sie planen, Ihr Vermietungsgeschäft international auszudehnen, müssen Sie auch die rechtlichen Anforderungen in anderen Ländern berücksichtigen. Dies kann komplex sein, da verschiedene Länder unterschiedliche Vorschriften haben.

3.7 Fazit

Die rechtlichen und regulatorischen Aspekte in der Vermietungsbranche sind komplex und vielfältig. Es ist entscheidend, sich rechtzeitig zu informieren, die richtigen Genehmigungen einzuholen, Verträge sorgfältig zu gestalten und die Haftungsfragen zu klären. Rechtliche Beratung von Experten kann dabei hilfreich sein, um sicherzustellen, dass Ihr Verleihgeschäft in Übereinstimmung mit den geltenden Gesetzen und Vorschriften operiert. Dieses Kapitel hat die grundlegenden Überlegungen skizziert, doch es ist wichtig, sich an spezifische lokale und branchenspezifische Anforderungen zu halten.

Kapitel 4: Finanzmanagement

4.1 Die finanzielle Basis legen

Ein solides Finanzmanagement ist entscheidend für den Erfolg eines Verleihgeschäfts. In diesem Kapitel werden wir die grundlegenden finanziellen Aspekte behandeln, die angehende Gründer verstehen und verwalten sollten, um ihr Geschäft auf stabile finanzielle Grundlagen zu stellen.

4.2 Budgetplanung und Kapitalbeschaffung

4.2.1 Erstellung eines Startbudgets

Bevor Sie Ihr Verleihgeschäft starten, ist es wichtig, ein realistisches Startbudget zu erstellen. Dieses Budget sollte alle anfänglichen Ausgaben berücksichtigen, darunter Miete, Ausrüstung, Marketing, Lizenzen und Gehälter. Stellen Sie sicher, dass Sie ausreichend Kapital haben, um die ersten Monate abzudecken, bevor Ihr Geschäft rentabel wird.

Eventuell brauchen Sie kein umfangreiches Startkapital, wenn Sie nebenbei starten und bereits vorhandene Objekte oder Gegenstände verleihen (Anhänger, Dachbox, Fahrräder, ...).

4.2.2 Kapitalbeschaffung

Die Beschaffung von Kapital kann eine Herausforderung sein, aber es gibt verschiedene Möglichkeiten, um Mittel zu beschaffen. Dazu gehören:

- **Eigenkapital:** Investieren Sie Ihr eigenes Geld in das Geschäft. Dies zeigt auch potenziellen Investoren Ihr Engagement.
- **Darlehen:** Suchen Sie nach Unternehmenskrediten oder Darlehen von Banken oder Kreditgebern.

- **Leasing:** Eine weitere Art der Finanzierung ist das Leasing, bei dem Sie nicht sofort den Anschaffungspreis zahlen.
- **Investoren:** Erwägen Sie, Investoren oder Venture-Capital-Firmen anzusprechen, die in Ihr Geschäft investieren könnten.
- **Crowdfunding:** Nutzen Sie Crowdfunding-Plattformen, um Kapital von einer Vielzahl von Investoren zu sammeln.

4.3 Buchführung und Finanzmanagement

4.3.1 Buchführungssysteme

Ein effektives Buchführungssystem ist unerlässlich, um Ihre Einnahmen und Ausgaben zu verfolgen. Dies kann mit Buchhaltungssoftware, Excel-Tabellen oder der Hilfe eines Buchhalters erfolgen. Stellen Sie sicher, dass Ihre Buchführung korrekt und aktuell ist, um fundierte Geschäftsentscheidungen zu treffen.

Es gibt eine Vielzahl an Software, womit man die Buchführung selbst erfassen kann (z.B. Zoho Books). Wenn der Verleih online über das Internet erfolgt, dann haben die Systeme oftmals eine Buchführung integriert.

4.3.2 Steuern

Steuern sind ein wichtiger Aspekt des Finanzmanagements. Sie müssen Umsatzsteuern erheben und gegebenenfalls Einkommensteuern auf Ihre Gewinne zahlen. Ein Steuerberater kann Ihnen helfen, die steuerlichen Verpflichtungen Ihres Unternehmens zu verstehen und einzuhalten.

Ein steuerlicher Vorteil ist, dass Sie für ihren Verleih angeschaffte Gegenstände per AfA abschreiben können. D.h. ihr zu versteuernder Gewinn wird durch den fiktiven Wertverlust reduziert. Dies gilt auch für Ihre Betriebsausgaben wie Telefon, Internetzugang, PKW usw.

4.4 Finanzielle Prognosen

Die Erstellung finanzieller Prognosen ist entscheidend, um die finanzielle Zukunft Ihres Verleihgeschäfts zu planen. Zu den wichtigen Aspekten gehören:

4.4.1 Gewinn- und Verlustrechnung

Eine Gewinn- und Verlustrechnung (auch als Einkommensrechnung bezeichnet) zeigt Ihre erwarteten Einnahmen und Ausgaben über einen bestimmten Zeitraum. Dies ermöglicht es Ihnen, Ihren erwarteten Gewinn zu ermitteln.

Ihren Gewinn steigern Sie nicht nur durch einen hohen Prozentsatz vom Anschaffungspreis, sondern primär durch eine hohe Auslastung beim Verleih.

4.4.2 Marge und Mietpreise

Die Höhe der Verleihgebühr im Verhältnis zum Anschaffungspreis variiert je nach Art des Vermietungsunternehmens, der Dauer der Vermietung, der Seltenheit oder dem Wert des gemieteten Gegenstands sowie den örtlichen Marktbedingungen. Es gibt keine feste "durchschnittliche" prozentuale Gebühr, da sie stark schwanken kann.

In einigen Fällen kann die Verleihgebühr relativ niedrig sein, etwa 1% bis 10% des Anschaffungspreises pro Tag. Bei teureren oder spezialisierten Gegenständen kann die Gebühr jedoch höher sein, beispielsweise 20% bis 50% oder mehr des Anschaffungspreises pro Tag.

Die genaue Gebühr sollte zwischen dem Vermieter und dem Kunden vereinbart werden und hängt von verschiedenen Faktoren ab, einschließlich der oben genannten. Es ist wichtig, den Markt und die Konkurrenz in Ihrer Region zu recherchieren, um wettbewerbsfähige Preise festzulegen, die sowohl für Sie als Vermieter als auch für Ihre Kunden fair sind.

4.4.3 Cashflow-Projektion

Eine Cashflow-Projektion verfolgt, wie Geld in Ihr Unternehmen fließt und wieder herausgeht. Dies ist wichtig, um sicherzustellen, dass Sie über ausreichend Liquidität verfügen, um Ihre laufenden Ausgaben zu decken.

4.4.4 Break-Even-Analyse

Die Break-Even-Analyse hilft Ihnen dabei, den Punkt zu identifizieren, an dem Ihre Einnahmen die Kosten ausgleichen. Dies ist ein wichtiger Meilenstein auf dem Weg zur Rentabilität.

4.5 Langfristige Finanzstrategie

Eine langfristige Finanzstrategie ist entscheidend, um Ihr Verleihgeschäft langfristig erfolgreich zu gestalten. Dies kann Folgendes umfassen:

4.5.1 Investitionen und Expansion

Planen Sie, wie Sie Gewinne reinvestieren und Ihr Geschäft ausbauen können. Dies kann die Expansion in neue Märkte, die Erweiterung Ihres Vermietungssortiments oder die Einführung neuer Dienstleistungen umfassen.

Beim Verleih müssen Mietobjekte instand gehalten werden. Wenn Sie selbst die Fähigkeiten dazu haben, dann können Sie Kosten sparen und ggf. die Gegenstände länger als der normale Abschreibungs -zeitraum nutzen.

4.5.2 Risikomanagement

Entwickeln Sie eine Strategie zur Risikominimierung, um Ihr Unternehmen vor unerwarteten finanziellen Herausforderungen zu schützen. Dies kann den Abschluss von Versicherungen oder die Bildung von Rücklagen umfassen.

Gegen das Risiko von Diebstahl, Verlust oder Beschädigung können Sie sich durch einen Pfand schützen, den der Mieter erst nach Rückgabe zurückerhält.

Professionelle Online-Lösungen wie z.B. Booqable.com bieten die Möglichkeit, den Pfandbetrag auf der Kreditkarte des Kunden zu reservieren und nach Rückgabe freizugeben.

4.6 Fazit

Das Finanzmanagement ist ein kritischer Aspekt für den Erfolg und die Nachhaltigkeit eines Verleihgeschäfts. Dieses Kapitel hat die wesentlichen finanziellen Überlegungen behandelt, die Sie als Gründer beachten sollten, darunter Budgetplanung, Kapitalbeschaffung, Buchführung und finanzielle Prognosen.

Es ist wichtig zu betonen, dass das Finanzmanagement ein fortlaufender Prozess ist. Sie sollten Ihre Finanzen regelmäßig überwachen, um sicherzustellen, dass Sie Ihre finanziellen Ziele erreichen und Ihre Liquidität gewährleisten. Die Zusammenarbeit mit einem Finanzberater oder Steuerexperten kann Ihnen helfen, die besten finanziellen Entscheidungen für Ihr Verleihgeschäft zu treffen.

In den kommenden Kapiteln werden wir uns mit weiteren Aspekten der Geschäftsführung befassen, darunter Marketingstrategien, Kundenbetreuung und Mitarbeitermanagement. Das Ziel ist es, Ihnen alle erforderlichen Informationen zur Verfügung zu stellen, um ein erfolgreiches und nachhaltiges Verleihgeschäft aufzubauen und zu betreiben.

Kapitel 5: Marketing und Kundengewinnung

5.1 Die Bedeutung eines starken Marketings

Das Marketing ist entscheidend, um Ihr Verleihgeschäft bekannt zu machen und Kunden anzulocken. In diesem Kapitel werden wir die Grundlagen des Marketings für ein Verleihgeschäft erörtern und bewährte Strategien zur Kundengewinnung und -bindung besprechen.

5.2 Zielgruppenidentifikation und Marktforschung

5.2.1 Identifizieren Sie Ihre Zielgruppe

Bevor Sie mit dem Marketing beginnen, ist es wichtig, Ihre Zielgruppe genau zu verstehen. Wer sind Ihre potenziellen Kunden? Welche Bedürfnisse haben sie? Definieren Sie klare Personas, um Ihre Marketingbemühungen gezielt anzupassen.

5.2.2 Marktforschung

Führen Sie umfassende Marktforschung durch, um den Markt, die Konkurrenz und die Trends in Ihrer Branche zu verstehen. Dies ermöglicht es Ihnen, Ihre Produkte und Dienstleistungen besser auf die Bedürfnisse Ihrer Zielgruppe abzustimmen.

5.3 Entwicklung Ihrer Marketingstrategie

5.3.1 Werbung am Verleihobjekt

Alles, was Sie verleihen, kann selbst als Werbefläche dienen und wird von potenziellen Kunden gesehen, sobald sich ein Mieter damit in der Öffentlichkeit bewegt.

Bringen Sie möglichst gut sichtbar die Information am Verleihobjekt an, dass und wo man dieses mieten kann. Dies kann einfach per Aufkleber mit z.B. Webseite und QR-Code umgesetzt werden.

5.3.2 Wegweisern und Plakate

Im Umfeld Ihrer Geschäftsadresse bieten sich Wegweiser als Werbeträger an, als Werbung und damit Sie Ihre Kunden finden.

Richtet sich Ihr Angebot an einen breiten lokalen Kundenkreis, dann kann klassische Plakatwerbung sehr effektiv und kostengünstig sein. Plakatwerbung kostet oftmals nur wenige hundert Euro.

5.3.3 Online-Präsenz

Eine starke Online-Präsenz ist heutzutage unerlässlich. Erstellen Sie eine ansprechende Website, die Ihre Vermietungs-dienstleistungen klar darstellt. Nutzen Sie auch soziale Medien, um Ihre Reichweite zu erhöhen und in Kontakt mit potenziellen Kunden zu treten.

Eine Webseite mit Wordpress kann man für wenige Euro bei Webhostern wie 1&1 oder Strato einrichten. Im einfachsten Fall listet man hier sein Angebot und bietet dem potenziellen Kunden ein Kontaktformular für Buchungsanfragen.

5.3.4 Suchmaschinenoptimierung (SEO)

Optimieren Sie Ihre Website für Suchmaschinen, um in den Suchergebnissen besser sichtbar zu sein. Verwenden Sie relevante Keywords, hochwertigen Content und sorgen Sie für eine benutzerfreundliche Website.

Verfassen Sie umfangreiche Beschreibungen für Ihre Verleihobjekte und beschreiben darin auch die Orte und Region, in der Sie tätig sind. Kunden suchen z.B. bei Google oder Bing nach "Hüpfburg leihen in Hamburg" und Sie haben eine Webseite passendem Titel.

5.3.5 Google Maps Firmeneintrag

Für den regionalen Verleih ist der eigene Firmeneintrag bei Google Maps sehr wichtig. Viele Kunden suchen auf Maps nach Firmen im eigenen Umkreis.

In Google Maps verlinken Sie Ihre Webseite, damit sich die Kunden Ihr Angebot und die Preise anschauen können.

5.3.6 Social-Media

Erstellen Sie Accounts in sozialen Netzwerken wie Facebook, Instagram, Youtube, LinkedIn und bei junger Zielgruppe Tiktok.

In Ihrem Profil hinterlegen Sie den Link zu Ihrer Webseite und eine Beschreibung von Ihrem Verleihgeschäft. Als Profilbild verwenden Sie entweder Ihr persönliches Bild oder ein Firmenlogo.

Bei z.B. Facebook & Co können Sie regelmäßig Kommentare mit Antworten auf Fragen bei Seiten zu Ihrer Stadt oder Gemeinde verfassen, wodurch potenzielle Kunden auf Sie aufmerksam werden.

5.3.7 Content-Marketing

Erstellen Sie informativen Content, der Ihre Zielgruppe anspricht. Dies kann Blog-Posts, Videos, Anleitungen oder Infografiken umfassen. Content-Marketing etabliert Sie als Experten in Ihrer Branche.

Diese Inhalte dienen auch dazu, dass Sie Kunden über die Suche auf Google & Co gewinnen, weil diese über Ihre Beiträge zu Ihrem Verleih gelangen. Der Content dient indirekt als Trichter zu Ihrem Angebot.

5.3.8 Werbung und Promotion

Nutzen Sie bezahlte Onlinewerbung, um Ihre Reichweite zu erhöhen. Dies kann bezahlte Anzeigen in Suchmaschinen, auf sozialen Medien oder auf anderen relevanten Websites einschließen.

Onlinewerbung kann sehr teuer sein, wenn diese nicht sehr gut auf die potentielle Zielgruppe ausgerichtet ist. Für den regionalen Verleih bietet sich vor allem Werbung auf Suchmaschinen an, weil Ihre Anzeige genau dann angezeigt wird, wenn ein potenzieller Kunde nach Ihrem Angebot sucht. Schränken Sie die Werbung sehr stark auf Suchbegriffe ein, die Ihre Region und Ihre Produkte betreffen (z.B. "Hüpfburg", "Hamburg", "Verleih", "mieten", "ausleihen") und spiegeln Sie dies im Anzeigetext (z.B. "Verleih für Hüpfburg in Hamburg").

Neben Suchmaschinen und sozialen Netzwerken gibt es speziale Onlineportale, auf denen Sie Werbung für Ihren Verleih und Angeboten schalten können (z.B. mietmeile.de).

5.3.9 E-Mail-Marketing

Sammeln Sie E-Mail-Adressen von Kunden und Interessenten, um regelmäßige Updates und Angebote zu versenden. E-Mail-Marketing kann dazu beitragen, Kundenbindung aufzubauen.

5.4 Kundenbetreuung und -bindung

5.4.1 Exzellenter Kundenservice

Bieten Sie erstklassigen Kundenservice, um das Vertrauen Ihrer Kunden zu gewinnen und positive Bewertungen zu erhalten. Seien

Sie erreichbar, reagieren Sie schnell auf Anfragen und lösen Sie Probleme professionell.

5.4.2 Treueprogramme und Belohnungen

Erwägen Sie die Einführung von Treueprogrammen oder Belohnungen für wiederkehrende Kunden. Dies kann die Kundenbindung erhöhen und wiederholte Geschäfte fördern.

5.4.3 Bewertungen und Empfehlungen

Ermutigen Sie zufriedene Kunden, Bewertungen z.B. auf Google Maps oder der eigenen Webseite zu hinterlassen und Ihr Verleihgeschäft weiterzuempfehlen. Positive Bewertungen sind ein wertvolles Marketinginstrument.

5.5 Budgetierung und ROI-Analyse

Verfolgen Sie Ihre Marketingausgaben und analysieren Sie den Return on Investment (ROI). Dies ermöglicht es Ihnen, festzustellen, welche Marketingstrategien effektiv sind und Ihr Budget effizient zu verwalten.

5.6 Fazit

Die erfolgreiche Vermarktung Ihres Verleihgeschäfts ist entscheidend, um Kunden anzulocken und Ihr Geschäft aufzubauen. Dieses Kapitel hat die Grundlagen des Marketings behandelt, von der Identifizierung Ihrer Zielgruppe bis zur Entwicklung einer Marketingstrategie. Denken Sie daran, dass Marketing ein kontinuierlicher Prozess ist, der Anpassungen und Weiterentwicklung erfordert, um auf veränderte Marktbedingungen und Kundenbedürfnisse zu reagieren. In den nächsten Kapiteln werden wir uns mit weiteren Aspekten der Geschäftsführung befassen, darunter Mitarbeitermanagement, Betriebsabläufe und Wachstumsstrategien.

Kapitel 6: Betriebsabläufe und Effizienz

6.1 Die Bedeutung effizienter Betriebsabläufe

Effiziente Betriebsabläufe sind entscheidend, um die Rentabilität und Nachhaltigkeit Ihres Verleihgeschäfts sicherzustellen. In diesem Kapitel werden wir die Optimierung Ihrer Betriebsabläufe und bewährte Praktiken zur Steigerung der Effizienz besprechen.

6.2 Geschäftsprozesse definieren

6.2.1 Workflow-Analyse

Beginnen Sie mit einer gründlichen Analyse Ihrer bestehenden Geschäftsprozesse. Identifizieren Sie Engpässe, Redundanzen und ineffiziente Schritte.

6.2.2 Prozessdokumentation

Dokumentieren Sie Ihre Geschäftsprozesse schriftlich. Dies kann in Form von Arbeitsanweisungen, Checklisten oder Flussdiagrammen erfolgen. Eine klare Dokumentation erleichtert die Schulung neuer Mitarbeiter und die Identifizierung von Verbesserungsmöglichkeiten.

Für kleine Betriebe ohne Softwarelösung eignen sich Kopiervorlagen für Verträge, Einnahmen, Checklisten für Rücknahme etc., um die Prozesse effizient zu standardisieren.

6.3 Automatisierung und Technologie

6.3.1 Einsatz von Softwarelösungen

Nutzen Sie Softwarelösungen, um repetitive Aufgaben zu automatisieren. Dies kann die Verwaltung von Buchungen, Rechnungsstellung, Lagerverwaltung und Kundenkommunikation umfassen.

6.3.2 Inventarverwaltungssystem

Implementieren Sie ein effektives Inventarverwaltungssystem, um den Überblick über Ihre Vermietungsgegenstände zu behalten. Dies erleichtert die Verwaltung von Verfügbarkeiten, Reparaturen und Nachverfolgung von Vermietungen.

6.3.3 Online-Buchungsplattform

Bieten Sie Ihren Kunden die Möglichkeit, online zu buchen und zu bezahlen. Dies reduziert den administrativen Aufwand und bietet Kunden Bequemlichkeit.

Auf z.B. booqable.com können Sie für eine moderate Monatspauschale Ihren eigenen digitalen Verleih umsetzen und damit den Aufwand für Anfragen, Buchung und Bezahlung reduzieren.

6.4 Qualitätskontrolle und Wartung

6.4.1 Qualitätsstandards festlegen

Legen Sie klare Qualitätsstandards für Ihre Vermietungsgegenstände fest. Dies umfasst regelmäßige Inspektionen und Wartung, um sicherzustellen, dass Ihre Gegenstände in bestem Zustand sind.

6.4.2 Reparatur- und Wartungsprotokolle

Führen Sie detaillierte Protokolle über Reparaturen und Wartungsarbeiten. Dies ermöglicht es Ihnen, den Zustand Ihrer Vermietungsgegenstände zu verfolgen und rechtzeitig Maßnahmen zu ergreifen.

6.5 Personalmanagement

6.5.1 Mitarbeitertraining

Stellen Sie sicher, dass Ihre Mitarbeiter gut geschult sind und die Geschäftsprozesse verstehen. Schulungen können dazu beitragen, Fehler zu minimieren und den Kundenservice zu verbessern.

6.5.2 Mitarbeitermotivation

Motivieren Sie Ihr Team, indem Sie klare Ziele setzen und Leistungsanreize bieten. Zufriedene Mitarbeiter sind engagierte Mitarbeiter, die zur Effizienz beitragen.

6.6 Nachhaltigkeit und Umweltaspekte

6.6.1 Nachhaltige Praktiken

Überlegen Sie, wie Sie nachhaltige Praktiken in Ihre Betriebsabläufe integrieren können. Dies kann die Auswahl umweltfreundlicher Produkte, Recycling oder Energieeffizienzmaßnahmen umfassen.

6.7 Fazit

Effiziente Betriebsabläufe sind entscheidend, um die Rentabilität und den Erfolg Ihres Verleihgeschäfts sicherzustellen. Dieses Kapitel hat wichtige Schritte zur Optimierung Ihrer Geschäftsprozesse hervorgehoben, von der Workflow-Analyse über die Automatisierung bis hin zur Qualitätskontrolle. Denken Sie daran, dass kontinuierliche Verbesserung ein Schlüssel zur Effizienz ist. In den nächsten Kapiteln werden wir uns mit Wachstumsstrategien, rechtlichen Überlegungen und anderen wichtigen Aspekten der Geschäftsführung befassen.

Kapitel 7: Wachstumsstrategien und Expansion

7.1 Die Bedeutung von Wachstum

Nachdem Ihr Verleihgeschäft erfolgreich gestartet wurde und stabile Betriebsabläufe etabliert sind, ist es an der Zeit, über Wachstum und Expansion nachzudenken. In diesem Kapitel werden wir verschiedene Wachstumsstrategien und Überlegungen zur Skalierung Ihres Geschäfts behandeln.

7.2 Diversifikation des Angebots

7.2.1 Erweiterung des Vermietungssortiments

Eine Möglichkeit, Ihr Geschäft zu erweitern, besteht darin, Ihr Vermietungssortiment zu diversifizieren. Dies bedeutet, zusätzliche Kategorien von Vermietungsgegenständen anzubieten, um neue Zielgruppen anzusprechen.

7.2.2 Hinzufügen von Dienstleistungen

Neben der Vermietung von Gegenständen können Sie zusätzliche Dienstleistungen anbieten, die Ihr Angebot ergänzen. Dies könnte beispielsweise die Lieferung und Abholung von Vermietungsgegenständen oder Reparaturdienstleistungen sein.

7.3 Geografische Expansion

7.3.1 Eröffnung neuer Standorte

Wenn Ihr Geschäft in seiner aktuellen Region erfolgreich ist, können Sie die Möglichkeit in Betracht ziehen, neue Standorte zu eröffnen. Dies erfordert sorgfältige Marktforschung und Planung.

7.3.2 Online-Präsenz und Versand

Eine andere Möglichkeit zur geografischen Expansion ist die
Erweiterung Ihrer Online-Präsenz und die Bereitstellung von
Versandoptionen, um Kunden in entfernteren Regionen zu erreichen.

7.4 Franchise-Möglichkeiten

Die Möglichkeit, Ihr Verleihgeschäft als Franchise anzubieten,
kann eine effiziente Möglichkeit zur Expansion sein. Franchising
ermöglicht es anderen Unternehmern, Ihr bewährtes Geschäftsmodell
in anderen Regionen zu betreiben.

7.5 Marketing und Markenbildung

7.5.1 Stärkung Ihrer Marke

Eine starke Marke ist entscheidend für das Wachstum. Investieren
Sie in die Markenbildung und schaffen Sie ein positives Image, um
das Vertrauen der Kunden zu gewinnen.

7.5.2 Marketingstrategien für das Wachstum

Entwickeln Sie spezifische Marketingstrategien, um Ihr Wachstum
zu fördern. Dies kann die Nutzung neuer Werbekanäle, gezieltes
Marketing für neue Zielgruppen und die Einführung von
Sonderangeboten umfassen.

7.6 Kapitalbeschaffung für das Wachstum

7.6.1 Investoren und Kredite

Für das Wachstum sind oft zusätzliche Finanzmittel erforderlich.
Sie können Investoren ansprechen oder Kredite aufnehmen, um das
benötigte Kapital zu beschaffen.

7.6.2 Umsatz und Gewinnsteigerung

Steigern Sie Ihren Umsatz und Gewinn, um internes Kapital für das Wachstum zu generieren. Dies erfordert oft eine Kombination aus effizienten Betriebsabläufen und Marketingbemühungen.

7.7 Risikomanagement

Wachstum ist mit Risiken verbunden, und es ist wichtig, diese zu erkennen und zu minimieren. Dazu gehören Finanzrisiken, operationelle Risiken und Marktrisiken. Entwickeln Sie eine klare Strategie zur Risikominimierung.

7.8 Fazit

Das Wachstum Ihres Verleihgeschäfts eröffnet neue Chancen und Herausforderungen. Dieses Kapitel hat verschiedene Wachstumsstrategien und Überlegungen vorgestellt, von der Diversifikation des Angebots bis zur geografischen Expansion. Denken Sie daran, dass Wachstum sorgfältige Planung und Ressourcen erfordert. Es ist wichtig, Ihre Strategie an die spezifischen Bedingungen Ihres Geschäfts und des Marktes anzupassen. In den nächsten Kapiteln werden wir uns mit rechtlichen Überlegungen, langfristiger Strategie und anderen wichtigen Aspekten der Geschäftsführung befassen.

Kapitel 8: Langfristige Strategie und Nachhaltigkeit

8.1 Die Bedeutung einer langfristigen Strategie

Während Wachstum und Expansion wichtige Ziele für Ihr Verleihgeschäft sind, ist es genauso wichtig, eine langfristige Strategie zu entwickeln, um die Nachhaltigkeit und Stabilität Ihres Unternehmens sicherzustellen. In diesem Kapitel werden wir die Bedeutung einer langfristigen Perspektive erörtern und wie Sie eine solide strategische Grundlage schaffen können.

8.2 Vision und Mission

8.2.1 Entwicklung einer Unternehmensvision

Die Unternehmensvision beschreibt, wohin Ihr Verleihgeschäft in Zukunft gehen soll. Dies kann eine inspirierende Botschaft sein, die Ihre langfristigen Ziele und Werte widerspiegelt.

8.2.2 Definition der Unternehmensmission

Die Unternehmensmission konkretisiert, wie Sie Ihre Vision umsetzen möchten. Sie legt fest, welchen Nutzen Ihr Verleihgeschäft für Kunden, Mitarbeiter und die Gesellschaft insgesamt bieten soll.

8.3 Langfristige Ziele

8.3.1 Klare Zielsetzungen

Definieren Sie klare, messbare Ziele für Ihr Verleihgeschäft, die langfristig ausgerichtet sind. Dies können Umsatzziele, Expansionsziele oder Ziele für Kundenbindung sein.

8.3.2 Zeitrahmen festlegen

Legen Sie Zeitrahmen für die Erreichung Ihrer langfristigen Ziele fest. Dies hilft, Ihre Fortschritte zu verfolgen und sicherzustellen, dass Sie auf dem richtigen Weg sind.

8.4 Marktanalysen und Trends

8.4.1 Kontinuierliche Marktanalyse

Halten Sie sich über Markttrends und Entwicklungen auf dem Laufenden. Dies ermöglicht es Ihnen, Ihre Strategie anzupassen und auf Veränderungen im Marktumfeld zu reagieren.

8.4.2 Wettbewerbsanalyse

Verstehen Sie Ihre Konkurrenten und deren Strategien. Dies kann Ihnen wertvolle Einblicke in Chancen und Herausforderungen bieten.

8.5 Nachhaltigkeit und Verantwortung

8.5.1 Umweltfreundliche Praktiken

Berücksichtigen Sie Nachhaltigkeitsaspekte in Ihren Betriebsabläufen. Dies kann Energieeffizienz, Abfallreduzierung und die Nutzung umweltfreundlicher Materialien umfassen.

8.5.2 Soziale Verantwortung

Engagieren Sie sich in sozialen Initiativen und tragen Sie zur Gemeinschaft bei. Dies kann die Bindung Ihrer Marke stärken und gleichzeitig einen positiven Einfluss haben.

8.6 Flexibilität und Anpassungsfähigkeit

8.6.1 Reaktion auf Veränderungen

Seien Sie bereit, Ihre langfristige Strategie anzupassen, wenn sich die Marktbedingungen ändern. Flexibilität ist entscheidend, um auf neue Herausforderungen und Chancen zu reagieren.

8.7 Unternehmenskultur und Mitarbeiterengagement

8.7.1 Unternehmenskultur fördern

Eine starke Unternehmenskultur kann Mitarbeitermotivation und Engagement fördern. Betonen Sie Werte wie Innovation, Kundenservice und Integrität.

8.7.2 Mitarbeiterentwicklung

Investieren Sie in die Weiterbildung und Entwicklung Ihrer Mitarbeiter. Gut ausgebildete und engagierte Mitarbeiter sind ein wesentlicher Bestandteil Ihrer langfristigen Strategie.

8.8 Fazit

Eine langfristige Strategie ist entscheidend, um Ihr
Verleihgeschäft nachhaltig und erfolgreich zu gestalten. Dieses
Kapitel hat wichtige Elemente einer langfristigen Strategie
hervorgehoben, darunter Vision, Mission, Ziele, Marktanalyse,
Nachhaltigkeit und Unternehmenskultur. Denken Sie daran, dass
eine langfristige Perspektive die Grundlage für kontinuierlichen
Erfolg bildet. In den nächsten Kapiteln werden wir uns mit
rechtlichen Überlegungen, Mitarbeitermanagement und anderen
wichtigen Aspekten der Geschäftsführung befassen.

Kapitel 9: Rechtliche Überlegungen und Compliance

9.1 Die Bedeutung von Recht und Compliance

Rechtliche Überlegungen sind ein wesentlicher Bestandteil jeder Geschäftstätigkeit, einschließlich eines Verleihgeschäfts. In diesem Kapitel werden wir die rechtlichen Aspekte Ihres Verleihgeschäfts beleuchten und wie Sie sicherstellen können, dass Sie alle relevanten Gesetze und Vorschriften einhalten.

9.2 Rechtsform Ihres Unternehmens

9.2.1 Wahl der Rechtsform

Entscheiden Sie, welche Rechtsform für Ihr Verleihgeschäft am besten geeignet ist. Dies kann eine Einzelfirma, eine GmbH, eine AG oder eine andere Rechtsform sein. Jede Rechtsform hat ihre eigenen Vor- und Nachteile in Bezug auf Haftung, Steuern und Verwaltung.

9.2.2 Gründung und Registrierung

Führen Sie die erforderlichen Schritte zur Gründung und Registrierung Ihres Unternehmens durch. Dies kann die Einreichung von Dokumenten bei den zuständigen Behörden und die Zahlung von Gebühren umfassen.

9.3 Verträge und Vereinbarungen

9.3.1 Mietverträge

Erstellen Sie klare und rechtsgültige Mietverträge für Ihre Kunden. Diese sollten die Bedingungen der Vermietung, die Verantwortlichkeiten beider Parteien und die Gebühren regeln.

9.3.2 Lieferantenverträge

Falls Sie Ausrüstung oder Produkte von Lieferanten beziehen, sollten Sie auch Lieferantenverträge in Betracht ziehen. Diese regeln die Bedingungen Ihrer Geschäftsbeziehung und stellen sicher, dass Sie rechtlich geschützt sind.

9.4 Steuerliche Überlegungen

9.4.1 Umsatzsteuer

Verstehen Sie die Umsatzsteuer und Ihre Verpflichtungen in Bezug auf die Erhebung und Abführung dieser Steuer auf Ihre Vermietungsgebühren.

9.4.2 Einkommensteuer

Klären Sie, wie Einnahmen aus Ihrem Verleihgeschäft steuerlich behandelt werden und ob Sie Einkommensteuer zahlen müssen.

9.5 Datenschutz und Datensicherheit

9.5.1 Datenschutzbestimmungen

Falls Sie personenbezogene Daten Ihrer Kunden sammeln, müssen Sie Datenschutzbestimmungen einhalten. Dies kann die Einhaltung der Datenschutzgrundverordnung (DSGVO) in der EU oder anderer regionaler Vorschriften einschließen.

9.5.2 Datensicherheit

Stellen Sie sicher, dass die Daten Ihrer Kunden sicher verwaltet werden, um Datenschutzverletzungen zu verhindern. Dies kann den Schutz von digitalen Daten und die sichere Aufbewahrung physischer Unterlagen umfassen.

9.6 Versicherungsschutz

9.6.1 Haftpflichtversicherung

Erwägen Sie den Abschluss einer Haftpflichtversicherung, um sich vor Haftungsansprüchen im Falle von Schäden oder Unfällen zu schützen.

9.6.2 Versicherung für Vermietungsgegenstände

Versichern Sie Ihre Vermietungsgegenstände gegen Schäden oder Verluste, um finanzielle Risiken zu minimieren.

9.7 Fazit

Rechtliche Überlegungen sind entscheidend, um Ihr Verleihgeschäft vor rechtlichen Risiken zu schützen und die Einhaltung von Gesetzen und Vorschriften sicherzustellen. Dieses Kapitel hat die wichtigsten rechtlichen Aspekte hervorgehoben, darunter die Wahl der Rechtsform, Verträge, steuerliche Überlegungen, Datenschutz und Versicherungsschutz. Es ist ratsam, rechtlichen Rat von Anwälten oder Fachleuten in Ihrem Land einzuholen, um sicherzustellen, dass Ihr Verleihgeschäft in jeder Hinsicht rechtlich konform ist. In den nächsten Kapiteln werden wir uns mit anderen wichtigen Aspekten der Geschäftsführung befassen, darunter Mitarbeitermanagement, Kundenbetreuung und mehr.

Kapitel 10: Kundenbetreuung und Kundenbindung

10.1 Die Bedeutung von Kundenbetreuung

Die Zufriedenheit Ihrer Kunden steht im Mittelpunkt eines erfolgreichen Verleihgeschäfts. In diesem Kapitel werden wir die Bedeutung einer exzellenten Kundenbetreuung erörtern und wie Sie langfristige Kundenbeziehungen aufbauen können.

10.2 Kundenerwartungen verstehen

10.2.1 Aktives Zuhören

Hören Sie aufmerksam auf die Bedürfnisse und Wünsche Ihrer Kunden. Aktives Zuhören ist der Schlüssel, um zu verstehen, was sie von Ihrem Verleihgeschäft erwarten.

10.2.2 Kundenumfragen

Führen Sie regelmäßige Kundenumfragen durch, um Feedback einzuholen. Dies ermöglicht es Ihnen, Ihr Angebot und Ihren Service kontinuierlich zu verbessern.

10.3 Exzellente Kundenbetreuung

10.3.1 Schnelle Reaktion auf Anfragen

Stellen Sie sicher, dass Sie Anfragen und Probleme Ihrer Kunden so schnell wie möglich bearbeiten. Schnelle Reaktionen zeigen, dass Sie den Kundenservice ernst nehmen.

10.3.2 Freundlichkeit und Höflichkeit

Seien Sie stets freundlich und höflich im Umgang mit Ihren Kunden. Ein respektvoller Tonfall und positive Interaktionen schaffen eine positive Erfahrung.

10.3.3 Problemlösungskompetenz

Seien Sie kompetent bei der Lösung von Problemen oder Beschwerden. Bieten Sie Lösungen an, die die Bedürfnisse Ihrer Kunden erfüllen.

10.4 Kundenbindung

10.4.1 Treueprogramme

Erwägen Sie die Einführung von Treueprogrammen oder Belohnungen für wiederkehrende Kunden. Diese Anreize fördern die Kundenbindung.

10.4.2 Personalisierte Kommunikation

Nutzen Sie Kundeninformationen, um personalisierte Kommunikation zu ermöglichen. Geburtstagsgrüße oder maßgeschneiderte Angebote können die Bindung stärken.

10.4.3 Follow-up und Kundenpflege

Bleiben Sie auch nach einer Vermietung in Kontakt. Senden Sie Follow-up-E-Mails oder Anrufe, um sicherzustellen, dass Ihre Kunden zufrieden waren und bereit sind, erneut bei Ihnen zu mieten.

10.5 Online-Präsenz und Bewertungen

10.5.1 Online-Bewertungen

Bewertungen und Bewertungsplattformen sind heutzutage entscheidend. Ermutigen Sie zufriedene Kunden, Bewertungen zu hinterlassen, und reagieren Sie professionell auf negative Bewertungen.

10.5.2 Social Media

Seien Sie in den sozialen Medien aktiv und engagieren Sie sich mit Ihren Kunden. Dies schafft eine Community und ermöglicht es Ihnen, direkt auf Feedback und Anfragen zu reagieren.

10.6 Mitarbeiterschulung

10.6.1 Kundenservice-Training

Schulen Sie Ihre Mitarbeiter im Bereich Kundenservice, um sicherzustellen, dass sie die Fähigkeiten und das Wissen haben, um Kunden optimal zu betreuen.

10.7 Fazit

Kundenbetreuung und Kundenbindung sind Schlüsselkomponenten für den langfristigen Erfolg Ihres Verleihgeschäfts. Dieses Kapitel hat die Bedeutung von Kundenbetreuung, das Verstehen von Kundenerwartungen, exzellenten Kundenservice und Kundenbindung hervorgehoben. Denken Sie daran, dass zufriedene Kunden nicht nur wiederkehren, sondern auch Ihr Geschäft durch positive Mundpropaganda fördern können. Investieren Sie in eine hervorragende Kundenbetreuung, um langfristige Beziehungen aufzubauen und Ihr Verleihgeschäft florieren zu lassen. In den nächsten Kapiteln werden wir uns mit anderen wichtigen Aspekten der Geschäftsführung befassen, darunter Mitarbeitermanagement, Betriebsabläufe und mehr.

Kapitel 11: Mitarbeitermanagement und Teamführung

11.1 Die Bedeutung von Mitarbeitermanagement

Ihre Mitarbeiter sind ein wesentlicher Bestandteil Ihres Verleihgeschäfts und spielen eine entscheidende Rolle bei der Erbringung exzellenter Dienstleistungen. In diesem Kapitel werden wir die Grundsätze des Mitarbeitermanagements und der Teamführung diskutieren.

11.2 Mitarbeiterrekrutierung

11.2.1 Kompetenzen und Qualifikationen

Identifizieren Sie die benötigten Fähigkeiten und Qualifikationen für Ihre Mitarbeiter. Dies kann je nach Position unterschiedlich sein, von der Kundenbetreuung bis zur Lagerverwaltung.

11.2.2 Bewerbungsprozess

Entwickeln Sie einen effizienten Bewerbungsprozess, der es Ihnen ermöglicht, qualifizierte Kandidaten zu identifizieren. Dies kann die Schaltung von Stellenanzeigen, Interviews und Referenzprüfungen umfassen.

11.3 Mitarbeitermotivation und Engagement

11.3.1 Leistungsanreize

Bieten Sie Anreize und Belohnungen für gute Leistungen. Dies kann monetäre Boni, Anerkennung oder Weiterbildungsangebote umfassen.

11.3.2 Kommunikation und Feedback

Führen Sie regelmäßige Gespräche mit Ihren Mitarbeitern. Geben Sie konstruktives Feedback und hören Sie auf ihre Anliegen. Offene Kommunikation fördert das Engagement.

11.4 Schulung und Weiterentwicklung

11.4.1 Einarbeitung

Stellen Sie sicher, dass neue Mitarbeiter eine gründliche Einarbeitung erhalten, um ihre Kenntnisse über Ihr Verleihgeschäft und Ihre Betriebsabläufe zu vertiefen.

11.4.2 Weiterbildung

Bieten Sie Möglichkeiten zur beruflichen Weiterentwicklung und Schulung an. Dies kann dazu beitragen, dass Ihre Mitarbeiter ihre Fähigkeiten verbessern und sich in ihren Positionen weiterentwickeln können.

11.5 Teamarbeit und Zusammenarbeit

11.5.1 Teamkultur fördern

Schaffen Sie eine Teamkultur, die die Zusammenarbeit und den Austausch von Ideen fördert. Ein gut funktionierendes Team kann die Produktivität steigern.

11.5.2 Konfliktmanagement

Entwickeln Sie Strategien zur Bewältigung von Konflikten im Team. Ein effektives Konfliktmanagement ist entscheidend, um eine positive Arbeitsumgebung aufrechtzuerhalten.

11.6 Führung und Vorbildfunktion

11.6.1 Führungskompetenzen

Als Geschäftsinhaber oder Manager sollten Sie Führungskompetenzen entwickeln, die Ihre Mitarbeiter inspirieren und motivieren.

11.6.2 Vorbildfunktion

Seien Sie ein Vorbild für Ihre Mitarbeiter. Demonstrieren Sie die Werte und Verhaltensweisen, die Sie von Ihrem Team erwarten.

11.7 Mitarbeiterzufriedenheit und -bindung

11.7.1 Mitarbeiterbefragungen

Führen Sie regelmäßige Mitarbeiterbefragungen durch, um die Zufriedenheit und Bindung Ihrer Mitarbeiter zu bewerten. Nutzen Sie das Feedback, um Verbesserungen vorzunehmen.

11.8 Fazit

Effektives Mitarbeitermanagement und Teamführung sind entscheidend, um eine produktive und motivierte Belegschaft zu haben. Dieses Kapitel hat die Mitarbeiterrekrutierung, Motivation, Schulung, Teamarbeit und Führung behandelt. Denken Sie daran, dass Ihre Mitarbeiter das Rückgrat Ihres Verleihgeschäfts sind, und investieren Sie in ihre Entwicklung und Zufriedenheit. In den nächsten Kapiteln werden wir uns mit anderen wichtigen Aspekten der Geschäftsführung befassen, darunter Betriebsabläufe, Finanzmanagement und Wachstumsstrategien.

Kapitel 12: Effiziente Betriebsabläufe und Logistik

12.1 Die Bedeutung effizienter Betriebsabläufe

Effiziente Betriebsabläufe und Logistik sind entscheidend, um die Rentabilität und den reibungslosen Ablauf Ihres Verleihgeschäfts sicherzustellen. In diesem Kapitel werden wir die Optimierung von Betriebsabläufen und Logistikstrategien besprechen.

12.2 Lagerverwaltung und Bestandskontrolle

12.2.1 Bestandsverwaltungssystem

Implementieren Sie ein Bestandsverwaltungssystem, um den Überblick über alle vermieteten Gegenstände zu behalten. Dies ermöglicht es Ihnen, Engpässe und Verluste zu minimieren.

12.2.2 Bestandsüberwachung

Richten Sie regelmäßige Überwachungsprozesse ein, um den Zustand Ihrer Vermietungsgegenstände zu überprüfen. Dies hilft, Schäden oder Verschleiß frühzeitig zu erkennen.

12.3 Auftragsabwicklung und Buchungssysteme

12.3.1 Online-Buchungssystem

Implementieren Sie ein effizientes Online-Buchungssystem, das es Kunden ermöglicht, einfach Reservierungen vorzunehmen und Buchungen zu verwalten.

12.3.2 Auftragsabwicklung

Entwickeln Sie effiziente Prozesse zur Auftragsabwicklung, von der Annahme von Buchungen bis zur Ausgabe und Rücknahme der vermieteten Gegenstände.

12.4 Lieferung und Abholung

12.4.1 Lieferdienste

Falls Sie Lieferungen anbieten, organisieren Sie effektive Lieferdienste, um die pünktliche und sichere Zustellung der Vermietungsgegenstände zu gewährleisten.

12.4.2 Rücknahme und Inspektion

Planen Sie klare Verfahren für die Rücknahme der Gegenstände und deren Inspektion, um Schäden oder Verluste zu dokumentieren.

12.5 Qualitätskontrolle und Wartung

12.5.1 Inspektionsprotokolle

Führen Sie detaillierte Inspektionsprotokolle für Ihre Gegenstände. Dies hilft, den Zustand zu überwachen und rechtzeitig Wartungsarbeiten durchzuführen.

12.5.2 Wartungspläne

Erstellen Sie Wartungspläne für Ihre Vermietungsgegenstände. Regelmäßige Wartung verlängert die Lebensdauer und minimiert Ausfallzeiten.

12.6 Kostenkontrolle und Effizienz

12.6.1 Kostenmanagement

Behalten Sie Ihre Betriebskosten im Auge und identifizieren Sie Möglichkeiten zur Kostenreduzierung, ohne die Qualität Ihrer Dienstleistungen zu beeinträchtigen.

12.6.2 Effizienzsteigerung

Suchen Sie nach Möglichkeiten zur Effizienzsteigerung in Ihren Betriebsabläufen. Automatisierung, Technologie und Schulung können dazu beitragen.

12.7 Nachhaltigkeit und Umweltverträglichkeit

12.7.1 Umweltfreundliche Praktiken

Integrieren Sie umweltfreundliche Praktiken in Ihre Betriebsabläufe, von der Entsorgung bis zur Energieeffizienz.

12.8 Fazit

Effiziente Betriebsabläufe und Logistik sind entscheidend, um die Rentabilität und den reibungslosen Ablauf Ihres Verleihgeschäfts sicherzustellen. Dieses Kapitel hat die Lagerverwaltung, Bestandskontrolle, Auftragsabwicklung, Lieferung und Abholung, Qualitätskontrolle, Kostenkontrolle und Nachhaltigkeit behandelt. Durch die kontinuierliche Optimierung Ihrer Betriebsabläufe können Sie die Kundenzufriedenheit steigern und Ihr Geschäft auf lange Sicht erfolgreich führen. In den nächsten Kapiteln werden wir uns mit anderen wichtigen Aspekten der Geschäftsführung befassen, darunter Finanzmanagement, Marketing und rechtliche Überlegungen.

Kapitel 13: Finanzmanagement und Ressourcenallokation

13.1 Die Bedeutung des Finanzmanagements

Ein solides Finanzmanagement ist von entscheidender Bedeutung für den Erfolg Ihres Verleihgeschäfts. In diesem Kapitel werden wir die Grundlagen des Finanzmanagements und der effektiven Ressourcenallokation besprechen.

13.2 Budgetierung und Finanzplanung

13.2.1 Budget erstellen

Erstellen Sie ein detailliertes Budget, das alle Einnahmen und Ausgaben Ihres Verleihgeschäfts erfasst. Dieses Budget dient als Leitfaden für finanzielle Entscheidungen.

13.2.2 Finanzprognosen

Führen Sie regelmäßige Finanzprognosen durch, um zukünftige finanzielle Entwicklungen und Bedürfnisse zu identifizieren. Dies hilft bei der langfristigen Planung.

13.3 Liquiditätsmanagement

13.3.1 Liquiditätsplanung

Sichern Sie ausreichende Liquidität für den laufenden Betrieb. Dies beinhaltet die Verwaltung von Einnahmen, Ausgaben und Reserven.

13.3.2 Kreditmanagement

Falls Sie auf Kredite angewiesen sind, verwalten Sie diese
sorgfältig und stellen Sie sicher, dass Rückzahlungen pünktlich
erfolgen.

13.4 Kostenkontrolle und Rentabilität

13.4.1 Kostenrechnung

Analysieren Sie Ihre Kosten und identifizieren Sie Bereiche, in
denen Einsparungen möglich sind. Dies kann dazu beitragen, die
Rentabilität zu steigern.

13.4.2 Preisgestaltung

Überprüfen Sie regelmäßig Ihre Preisstrategie, um
sicherzustellen, dass sie die Kosten und die Wettbewerbssituation
berücksichtigt.

13.5 Finanzberichte und Buchführung

13.5.1 Buchführungssystem

Führen Sie eine ordnungsgemäße Buchführung und verwalten Sie Ihre
Finanzdaten genau. Dies ist entscheidend für die Einhaltung von
Steuervorschriften und die Transparenz Ihrer Finanzen.

13.5.2 Finanzberichte

Erstellen Sie regelmäßige Finanzberichte, die Aufschluss über die
finanzielle Gesundheit Ihres Unternehmens geben. Diese Berichte
sind wichtig für interne und externe Stakeholder.

13.6 Ressourcenallokation

13.6.1 Priorisierung von Investitionen

Entscheiden Sie, wie und wo Sie finanzielle Ressourcen investieren möchten. Dies kann die Erweiterung des Vermietungsangebots, Marketingkampagnen oder technologische Verbesserungen umfassen.

13.6.2 Notfallfonds

Legen Sie einen Notfallfonds an, um unerwarteten finanziellen Herausforderungen zu begegnen.

13.7 Steuern und Rechtsvorschriften

13.7.1 Steuererklärungen

Sorgen Sie dafür, dass Sie Steuererklärungen und -zahlungen fristgerecht und korrekt abwickeln, um rechtliche Probleme zu vermeiden.

13.8 Fazit

Ein effektives Finanzmanagement ist unerlässlich, um die finanzielle Gesundheit und den langfristigen Erfolg Ihres Verleihgeschäfts sicherzustellen. Dieses Kapitel hat die Budgetierung, Liquiditätsmanagement, Kostenkontrolle, Finanzberichte, Ressourcenallokation und die Einhaltung von Steuern und Rechtsvorschriften behandelt. Durch eine verantwortungsvolle und strategische Verwaltung Ihrer finanziellen Ressourcen können Sie Ihr Geschäft auf Wachstum und Stabilität ausrichten.

Anhang

A1 – Checkliste für Verleihgeschäft

☐ **Geschäftsidee und Konzeptentwicklung:**
   ☐ Klare Definition Ihrer Verleihgeschäftsidee
   ☐ Zielgruppenanalyse und Marktanalyse durchgeführt
   ☐ Alle rechtlichen Anforderungen berücksichtigt

☐ **Geschäftsplanung:**
   ☐ Geschäftsplan erstellt
   ☐ Finanzprognosen und Budgets erstellt
   ☐ Marketing- und Vertriebsstrategie entwickelt
   ☐ Betriebs- und Logistikpläne ausgearbeitet

☐ **Rechtliche und Compliance-Überlegungen:**
   ☐ Alle erforderlichen Lizenzen und Genehmigungen beschafft
   ☐ Rechtsform des Unternehmens gewählt und gegründet
   ☐ Versicherungsbedarf analysiert und abgedeckt

☐ **Finanzmanagement:**
   ☐ Finanzkonten und Buchführung eingerichtet
   ☐ Budget und Finanzprognosen regelmäßig überprüft
   ☐ Liquiditätsmanagement umgesetzt
   ☐ Kosteneffizienz und Rentabilität bewertet

☐ **Marketing und Kundenakquise:**
   ☐ Werbung bzw. Aufkleber am Verleihobjekt
   ☐ Lokale Wegweiser und Werbeplakate
   ☐ Website erstellt und optimiert
   ☐ Google Maps Firmeneintrag mit Link auf die Website
   ☐ Social-Media-Präsenz aufgebaut und Link im Profil
   ☐ Marketingkampagnen entwickelt und durchgeführt
   ☐ Strategien zur Kundenbindung implementiert

- ☐ **Betriebsabläufe und Logistik:**
  - ☐ Betriebsabläufe definiert und dokumentiert
  - ☐ Kopiervorlagen für Verträge, Checklisten usw.
  - ☐ Lagerhaltungs- und Lieferprozesse etabliert
  - ☐ Qualitätssicherungssysteme implementiert
- ☐ **Nachhaltigkeit und Umweltverträglichkeit:**
  - ☐ Umweltauswirkungen bewertet und minimiert
  - ☐ Nachhaltige Beschaffungspolitik umgesetzt
  - ☐ Recycling- und Entsorgungspläne entwickelt
- ☐ **Kundenbetreuung und Qualitätssicherung:**
  - ☐ Kundensupport-Team geschult
  - ☐ Rückmeldungen von Kunden erfasst und bewertet
  - ☐ Qualitätskontrollen durchgeführt
- ☐ **Finanzberichte und Steuern:**
  - ☐ Regelmäßige Finanzberichte erstellt und überprüft
  - ☐ Steuererklärungen und -zahlungen termingerecht abgewickelt
  - ☐ Einhaltung aller Steuer- und Rechtsvorschriften gewährleistet
- ☐ **Wachstumsstrategie und Expansion:**
  - ☐ Wachstumsziele festgelegt
  - ☐ Strategien zur Expansion entwickelt
  - ☐ Kapitalbeschaffungsoptionen geprüft

Diese Checkliste kann Gründern und Unternehmern als praktische Werkzeuge dienen, um sicherzustellen, dass sie wichtige Schritte und Überlegungen bei der Gründung und Führung ihres Verleihgeschäfts berücksichtigen.

A2 - Vorlage für Verleihvertrag

Hinweis: Bitte beachten Sie, dass dies nur eine allgemeine Vorlage ist und nicht als rechtliche Beratung betrachtet werden sollte. Es wird empfohlen, rechtliche Dokumente von einem Anwalt überprüfen zu lassen, um sicherzustellen, dass sie den örtlichen Gesetzen und Vorschriften entsprechen.

Verleihvertrag

Zwischen [Ihr Unternehmen/Name] (nachstehend als "Verleiher" bezeichnet) und [Name des Kunden] (nachstehend als "Entleiher" bezeichnet)

Verleihgegenstand: [Beschreibung des zu verleihenden Gegenstands, z. B. "Fahrrad, Modell X"]

Verleihdatum: [Datum des Vertragsabschlusses]

Rückgabedatum: [Datum, an dem der Gegenstand zurückgegeben werden muss]

Verleihgebühr: [Betrag und Währung, z. B. "50 USD pro Tag"]

Verleihbedingungen:

1. **Zustand des Verleihgegenstands:** Der Verleiher bestätigt, dass der Verleihgegenstand zum Zeitpunkt der Übergabe in gutem Zustand und voll funktionsfähig ist. Der Entleiher ist verpflichtet, den Gegenstand in demselben Zustand zurückzugeben, in dem er ihn erhalten hat, unter normaler Abnutzung und Verschleiß ausgenommen.
2. **Verleihdauer:** Der Verleih beginnt am [Startdatum] und endet am [Enddatum]. Der Entleiher verpflichtet sich, den Gegenstand pünktlich zurückzugeben. Eine verspätete Rückgabe kann zusätzliche Gebühren nach sich ziehen.

3. **Verleihgebühr:** Die vereinbarte Verleihgebühr beträgt [Betrag]. Diese Gebühr ist bei Vertragsabschluss fällig und zahlbar.
4. **Verantwortlichkeiten des Entleihers:** Der Entleiher ist verantwortlich für den ordnungsgemäßen Gebrauch des Verleihgegenstands und haftet für jegliche Schäden oder Verluste während der Verleihdauer.
5. **Versicherung:** Der Entleiher hat die Möglichkeit, eine Versicherung für den Verleihgegenstand abzuschließen. Im Falle von Schäden oder Verlusten während der Verleihdauer ist der Entleiher verpflichtet, den Verleihbetrag sowie die Kosten für eventuell entstandene Schäden oder den Ersatz des verlorenen Gegenstands zu erstatten.
6. **Rückgabe:** Der Entleiher verpflichtet sich, den Verleihgegenstand spätestens am Rückgabedatum und zu den vereinbarten Bedingungen zurückzugeben. Die Rückgabe erfolgt an [Adresse des Verleihers].

Unterschriften:

Verleiher: [Ihre Unterschrift]

Entleiher: [Unterschrift des Kunden]

Bitte passen Sie diese Vorlage an Ihre spezifischen Anforderungen und lokalen Gesetze an. Es wird dringend empfohlen, rechtliche Beratung einzuholen, um sicherzustellen, dass Ihr Verleihvertrag rechtlich bindend und wirksam ist.

A3 - Vorlage für Geschäftspläne

Beachten Sie, dass dies eine allgemeine Vorlage ist und je nach Art Ihres Verleihgeschäfts und Ihren individuellen Anforderungen angepasst werden muss.

Muster-Geschäftsplan für Verleihgeschäft

[Ihr Unternehmen/Name]

[Adresse]

[Kontaktinformation]

[Datum]

Inhaltsverzeichnis

1. **Zusammenfassung (Executive Summary)**
   o Kurze Zusammenfassung des Geschäftsplans.
2. **Unternehmensprofil**
   o Beschreibung Ihres Verleihgeschäfts, Ihrer Vision und Mission.
3. **Marktanalyse**
   o Marktübersicht
   o Zielgruppenanalyse
   o Wettbewerbsanalyse
4. **Geschäftsstrategie und -modell**
   o Beschreibung Ihres Geschäftsmodells
   o Strategien zur Kundenakquise und Kundenbindung
5. **Produkte und Dienstleistungen**
   o Beschreibung der angebotenen Verleihgegenstände und Dienstleistungen
6. **Marketingplan**
   o Marketingziele
   o Marketingstrategien
   o Werbe- und Vertriebspläne

7. **Betriebs- und Logistikplan**
   - o Standort und Betriebsstätten
   - o Betriebsabläufe und Logistik
8. **Organisationsstruktur und Personal**
   - o Organigramm
   - o Beschreibung der Schlüsselpersonen
9. **Finanzplanung**
   - o Umsatz- und Gewinnprognosen
   - o Budgets
   - o Finanzierungsbedarf und -quellen
10. **Risikobewertung und -management**
   - o Identifikation von Risiken
   - o Strategien zur Risikominderung
11. **Rechtliche und Compliance-Überlegungen**
   - o Lizenzen und Genehmigungen
   - o Rechtsform des Unternehmens
12. **Schlussfolgerungen**
   - o Zusammenfassung der wichtigsten Punkte im Geschäftsplan

Anhang: Finanzielle Unterlagen

- Finanzberichte
- Cashflow-Projektionen
- Bilanz

Anhang: Marktforschungsergebnisse

- Umfragen
- Marktdaten

Anhang: Rechtliche Dokumente

- Lizenzvereinbarungen
- Verleihverträge

Anhang: Sonstige Unterlagen

- Lebensläufe der Schlüsselpersonen
- Marketingmaterialien

Diese Vorlage für einen Geschäftsplan bietet eine umfassende Struktur für die Erstellung Ihres eigenen Geschäftsplans für Ihr Verleihgeschäft. Stellen Sie sicher, dass Sie alle relevanten Informationen hinzufügen und die Vorlage an Ihre spezifischen Anforderungen anpassen. Ein detaillierter Geschäftsplan ist ein entscheidendes Werkzeug für die Gründung und das Management eines erfolgreichen Verleihgeschäfts.

A4 - Beispiel für Business Canvas

Business Canvas mit einem Beispiel speziell für ein Verleihgeschäft:

Anhang: Business Canvas - Beispiel für ein Verleihgeschäft

[Ihr Unternehmen/Name]

[Datum]

Geschäftsmodell Canvas:

1. Schlüsselpartner (Key Partners):

- Beispiel: Lieferanten von Verleihgegenständen, Versicherungsunternehmen, Werbepartner

2. Schlüsselaktivitäten (Key Activities):

- Beispiel: Beschaffung und Lagerung von Verleihgegenständen, Wartung und Reparatur, Kundensupport

3. Schlüsselressourcen (Key Resources):

- Beispiel: Verleihgegenstände, Lager- und Lagereinrichtungen, Fachpersonal

4. Wertversprechen (Value Propositions):

- Beispiel: Breite Auswahl an hochwertigen Verleihgegenständen, bequeme Online-Bestellung, zuverlässiger Kundensupport

5. Kundensegmente (Customer Segments):

- Beispiel: Freizeitreisende, Eventplaner, Bauunternehmen

6. Vertriebskanäle (Channels):

- Beispiel: Website, soziale Medien, Partnerunternehmen, physische Standorte

7. Kundenbeziehung (Customer Relationships):

- Beispiel: Online-Support, persönliche Beratung, Kundenbewertungen

8. Einnahmequellen (Revenue Streams):

- Beispiel: Verleihgebühren pro Tag/Woche/Monat, Versicherungsprämien, Liefergebühren

9. Kostenstruktur (Cost Structure):

- Beispiel: Beschaffungskosten für Verleihgegenstände, Personalkosten, Marketingausgaben

10. Schlüsselmetriken (Key Metrics): - Beispiel: Anzahl der Vermietungen pro Monat, Kundenzufriedenheitsrate, Umsatzwachstum

Anweisungen zur Verwendung:

- Verwenden Sie diesen Canvas, um das Geschäftsmodell Ihres Verleihgeschäfts zu skizzieren und zu planen.
- Passen Sie die Beispiele an Ihre spezifischen Gegebenheiten und Geschäftsziele an.
- Verwenden Sie den Canvas als Werkzeug, um Ihr Geschäftsmodell zu visualisieren und strategische Entscheidungen zu treffen.

Dieses Beispiel für ein Business Canvas bietet eine klare Darstellung der verschiedenen Elemente eines Verleihgeschäftsmodells. Es kann als Leitfaden für Gründer und Unternehmer dienen, um ihr eigenes Geschäftsmodell zu entwickeln und zu optimieren.

A5 - Ideen für Verleihgeschäfte B2C

Im B2C-Bereich (Business-to-Consumer) gibt es ebenfalls eine breite Palette von Gegenständen und Dienstleistungen, die vermietet werden. Hier sind einige Beispiele für Dinge, die speziell an Verbraucher vermietet werden:

1. **Fahrzeuge:** Autovermietungen bieten Autos, Motorräder, Wohnmobile und sogar Luxusautos zur Vermietung für den persönlichen Gebrauch an.

2. **Immobilien:** Ferienwohnungen, Airbnb-Unterkünfte und Ferienhäuser werden an Verbraucher vermietet.

3. **Elektronikgeräte:** Verleih von Kameras, Laptops, Smartphones und anderen Elektronikgeräten für Reisen oder besondere Anlässe.

4. **Fahrräder und E-Scooter:** Vermietung von Fahrrädern, E-Bikes und Elektro-Tretrollern für den Transport in Städten.

5. **Party- und Veranstaltungsausstattung:** Verleih von Partyzelten, Tischen, Stühlen, Geschirr und Unterhaltungsausrüstung für private Veranstaltungen.

6. **Werkzeuge und Heimwerkausrüstung:** Vermietung von Heimwerkerwerkzeugen wie Bohrmaschinen, Schleifmaschinen und Rasenmähern.

7. **Outdoor-Ausrüstung:** Verleih von Campingausrüstung, Wanderausrüstung, Kajaks und Zelten für Outdoor-Abenteuer.

8. **Kostüme und Verkleidungen:** Verleih von Kostümen für Halloween, Karneval oder besondere Anlässe.

9. **Babysachen:** Verleih von Babyausstattung wie Kinderwagen, Autositzen und Babybetten für Reisen oder temporäre Bedürfnisse.

10. **Musikinstrumente:** Verleih von Musikinstrumenten wie Gitarren, Keyboards und Schlagzeugen für Anfänger und Gelegenheitsspieler.

11. **Hochzeits- und Veranstaltungsplanung**: Vermietung von Hochzeitskleidern, Brautaccessoires, Hochzeitsdekorationen und Eventplanungsdiensten.

12. **Fotografieausrüstung**: Vermietung von professionellen Kameras, Objektiven und Beleuchtungsausrüstung für Fotografieprojekte.

13. **Fitnessausrüstung**: Vermietung von Fitnessgeräten wie Laufbändern, Hanteln und Heimtrainern für das Training zu Hause.

14. **Haushaltsgeräte**: Verleih von Haushaltsgeräten wie Waschmaschinen, Kühlschränken und Geschirrspülern während Reparaturen oder Umzügen.

15. **Ski- und Snowboardausrüstung**: Vermietung von Skiausrüstung und Snowboards für Wintersporturlaube.

16. **Schmuck und Accessoires**: Vermietung von Schmuckstücken und Designer-Accessoires für besondere Anlässe.

17. **Garten- und Landschaftspflegegeräte**: Verleih von Rasenmähern, Vertikutierern und anderen Gartenwerkzeugen.

18. **Wellness- und Gesundheitsdienstleistungen****: Spa-Besuche, Massagen und Gesundheits- und Wellnessdienstleistungen.

19. **Elektrofahrräder (E-Bikes)**: Verleih von E-Bikes für umweltfreundliche Mobilität und Freizeitfahrten.

20. **Hunde- und Haustierbetreuung**: Verleih von Hundezubehör, Haustiertransportboxen und Haustierbetreuungsdiensten.

21. **Motorboote und Segelboote**: Verleih von Wasserfahrzeugen für Wassersportaktivitäten und Bootsausflüge.

22. **Profiwerkzeuge für Heimwerkerprojekte**: Vermietung von spezialisierten Werkzeugen wie Fliesenschneidern, Schleifmaschinen und Bohrhämmern für Heimwerkerprojekte.

23. **Bücher und E-Books**: Verleih von Büchern und elektronischen Büchern über Bibliotheken oder Online-Plattformen.

24. **Golfwagenverleih**: Verleih von Golfwagen auf Golfplätzen und Resorts.

25. **Ferngläser und Teleskope**: Vermietung von Ferngläsern und Teleskopen für Naturbeobachtungen und astronomische Beobachtungen.

26. **Grill- und Kochausrüstung**: Vermietung von Grillgeräten und Kochausrüstung für Grillpartys und Picknicks.

27. **Angelausrüstung**: Verleih von Angelruten, Ködern und Angelausrüstung für Angelliebhaber.

28. **Video- und Brettspiele**: Vermietung von Videospielen, Konsolen und Brettspielen für Freizeit und Unterhaltung.

29. **Skateboards und Roller**: Verleih von Skateboards, Longboards und Rollern für Freizeitsportarten.

30. **LKW und Transporter**: Verleih von Lastwagen und Transportern für Umzüge und den Transport von großen Gegenständen.

31. **Campingausrüstung für Festivals**: Spezielle Campingausrüstung und Zelte für Festivalbesucher.

32. **Historische Kostüme**: Verleih von historischen Kostümen für Themenpartys und Renaissance-Festivals.

33. **Rasen- und Gartengeräte**: Vermietung von Rasenmähern, Vertikutierern und Hochdruckreinigern für Gartenarbeiten.

34. **Hochzeitsfahrzeuge und Oldtimer:** Vermietung von Hochzeitsautos und klassischen Oldtimern für Hochzeiten und besondere Anlässe.

35. **Tennisschläger und Golfclubs:** Verleih von Sportausrüstung für Tennis und Golf.

36. **Möbelverleih für temporäre Wohnsituationen:** Möbelverleih für vorübergehende Wohnungen oder Möblierung von Ferienhäusern.

37. **Autodachboxen und -träger:** Vermietung von Autodachboxen und Fahrradträgern für Reisen.

38. **Tauchausrüstung:** Verleih von Tauchanzügen, Atemreglern und Tauchausrüstung für Tauchurlaube.

39. **Pflanzen und Blumenarrangements:** Verleih von Pflanzen und Blumenarrangements für besondere Anlässe und Dekorationen.

Natürlich, hier sind weitere Beispiele für Dinge und Dienstleistungen, die speziell im B2C-Bereich vermietet werden:

40. **Hochdruckreiniger:** Verleih von Hochdruckreinigern zur Reinigung von Terrassen, Gehwegen und Fahrzeugen.

41. **Catering- und Partydienstleistungen:** Vermietung von Catering-Services, Geschirr und Tischdekoration für private Feiern und Veranstaltungen.

42. **Licht- und Tontechnik für Partys:** Verleih von Licht- und Tontechnik für private Partys und Veranstaltungen.

43. **Surfbretter und Wassersportausrüstung:** Vermietung von Surfbrettern, Stand-Up-Paddle-Boards und Wasserskiausrüstung.

44. **Weihnachtsdekorationen:** Vermietung von Weihnachtsbäumen, Lichterketten und Dekorationen für die Feiertage.

45. **Campingwagen und Wohnmobile:** Verleih von Campingwagen und Wohnmobilen für Camping- und Outdoor-Abenteuer.

46. **Videoprojektoren und Leinwände**: Verleih von Videoprojektoren und Leinwänden für Filmnächte und Präsentationen.

47. **Eisbahnen und Schlittschuhe**: Verleih von mobilen Eisbahnen und Schlittschuhen für Wintervergnügen.

48. **Fitnessgeräte für zu Hause**: Vermietung von Heimfitnessgeräten wie Laufbändern und Crosstrainern.

49. **Handy-Ladegeräte und -zubehör**: Verleih von Handy-Ladegeräten und Zubehör für Reisende.

50. **Fahrradträger für Autos**: Vermietung von Fahrradträgern zur Befestigung am Auto für Fahrradtransport.

Die Vermietung im B2C-Bereich bietet Verbrauchern die Möglichkeit, temporäre Bedürfnisse zu erfüllen, ohne die finanzielle Verpflichtung des Kaufs eingehen zu müssen. Dies kann besonders nützlich sein, wenn es um saisonale Aktivitäten, besondere Anlässe oder Hobbys geht.

A6 - Ideen für Verleihgeschäfte B2B

Die Vermietung von Gegenständen und Dienstleistungen an andere Unternehmen (B2B, Business-to-Business) kann äußerst vielfältig sein und hängt oft von den speziellen Anforderungen der Geschäftskunden ab. Hier sind einige Beispiele für Gegenstände und Dienstleistungen, die speziell im B2B-Bereich vermietet werden:

1. **Baumaschinen:** Baufirmen vermieten oft Baumaschinen wie Bagger, Bulldozer und Kräne, um Projekte durchzuführen, ohne teure Maschinen kaufen zu müssen.

2. **Büroausstattung:** Unternehmen mieten Büromöbel, Drucker, Kopierer und Telekommunikationsausrüstung, um temporäre Büros oder Arbeitsplätze einzurichten.

3. **Messe- und Eventausrüstung:** Eventplaner und Messeaussteller mieten Stände, Bühnen, Beleuchtung und Audiovisuelle Ausrüstung für Veranstaltungen und Messen.

4. **Fahrzeuge und Transport:** Logistikunternehmen mieten Lkw und Lieferfahrzeuge, während Autovermietungen spezielle Flottenverträge für Geschäftskunden anbieten.

5. **Industrielle Ausrüstung:** Produktionsbetriebe mieten oft spezialisierte Maschinen und Produktionsanlagen, um ihre Kapazitäten zu erweitern.

6. **Lagerung und Logistik:** Unternehmen vermieten Lagerflächen, Container und Logistikdienstleistungen zur Aufbewahrung und Distribution von Waren.

7. **Catering und Veranstaltungsdienstleistungen:** Cateringunternehmen mieten Küchenausrüstung, Geschirr und Zelte für Events und Großveranstaltungen.

8. **Medizinische Ausrüstung**: Gesundheitsdienstleister mieten medizinische Geräte wie Röntgenmaschinen, MRI-Scanner und Dialysemaschinen.

9. **Bühnentechnik**: Theaterproduktionen und Konzertveranstalter mieten Bühnen, Lichttechnik und Tonanlagen.

10. **Sicherheitsdienstleistungen**: Unternehmen mieten Sicherheitspersonal, Überwachungskameras und Alarmsysteme für den Schutz von Standorten und Veranstaltungen.

11. **IT- und Datenzentren**: Rechenzentren und IT-Unternehmen vermieten Serverraumflächen und -ausrüstung zur Speicherung und Verarbeitung von Daten.

12. **Wissenschaftliche Geräte**: Forschungseinrichtungen und Labore mieten spezialisierte wissenschaftliche Geräte wie Massenspektrometer oder DNA-Sequenzierer.

13. **Flottenmanagement**: Unternehmen mieten Flottenmanagementdienste und Fahrzeugverfolgungssysteme, um ihre Fahrzeugflotten effizient zu verwalten.

14. **Schulung und Bildung**: Schulungseinrichtungen mieten oft Schulungsgeräte, Computerräume und Lehrmaterialien.

15. **Möbelverleih für Veranstaltungen**: Eventplaner mieten spezielle Veranstaltungsmöbel und Dekorationsgegenstände für Tagungen und Konferenzen.

Diese Liste ist keineswegs erschöpfend, da die Bandbreite der Vermietungsdienstleistungen im B2B-Bereich breit ist und sich an die spezifischen Anforderungen und Branchen der Geschäftskunden anpasst. B2B-Vermietungen sind eine effektive Möglichkeit für Unternehmen, flexibel auf saisonale oder projektbasierte Bedürfnisse zu reagieren, ohne hohe Kapitalinvestitionen tätigen zu müssen.

A7 - Verleih-Lösungen und Onlineplattformen

Es gibt mehrere Plattformen und Online-Marktplätze, auf denen Sie Gegenstände vermieten können. Hier sind einige beliebte Plattformen, die die Vermietung von Gegenständen ermöglichen:

1. **Booqable.com**: Ein Internet-basiertes Softwaresystem mit dem Verleihfirmen ihren Verleih über die eigene Website digital umsetzen können.

2. **RentSoft.de**: Weitere Internet-basiertes Softwaresystem für Verleihfirmen mit Onlinebuchung für viele Einsatzbereiche.

3. **Rentware.com**: Englisches Internet-Softwaresystem für Verleihfirmen mit Onlinebuchung und Kalenderfunktion.

4. **rentman.io**: Englisches Internet-Softwaresystem für Verleihfirmen mit Onlinebuchung spezielle für den Eventbereich.

5. **checkfront.com**: Englisches Internet-Softwaresystem mit Widget, um Onlinebuchung in bestehende Websites zu integrieren.

6. **point-of-rental.com**: Point of Sale Lösung für den Verleih.

7. **Mietmeile.de**: Branchenverzeichnis mit Verleihfirmen und deren Angebot. Bietet potenziellen Kunden ein Kontaktformular.

8. **eRento.com**: Vermittler für den Verleih von Werkzeugen, Eventzubehör, Bühnen, Wohnmobilen u.v.m.

9. **McRent.de**: Vermittler für den Verleih von Wohnmobilen.

10. **rentle.io**: Vermittler für den Verleih von beliebigen Gegenständen, inklusive von Privat.

11. **Campanda.de**: Für die Vermietung von Wohnmobilen und Wohnwagen, ideal für Reisende, die Abenteuer auf Rädern suchen.

12. **de.spinlister.com**: Eine Plattform für die Vermietung von Fahrrädern, Surfbrettern und Skiern.

13. **BabyQuip.com**: Beispiel für eine Plattform für die Vermietung von Babyausstattung und -zubehör für Familien auf Reisen.

14. **Boatsetter.com**: Für die Vermietung von Booten und Wassersportausrüstung, ideal für Bootsliebhaber.

15. **RentTheRunway.com**: Eine Plattform für die Vermietung von Designerkleidung und -accessoires für besondere Anlässe.

16. **Craigslist.org**: Auf dieser Online-Kleinanzeigenplattform können Sie Gegenstände in Ihrer Region vermieten oder vermieten.

17. **Nextdoor.de**: Diese soziale Plattform für Nachbarschaften ermöglicht den Austausch von Gegenständen und Dienstleistungen innerhalb Ihrer Gemeinschaft.

18. **Vrbo.com/de-at/** (Vacation Rentals by Owner): Ähnlich wie Airbnb.de, aber spezialisiert auf die Vermietung von Ferienhäusern und Ferienwohnungen.

19. **KijkBijMij.nl**: Eine niederländische Plattform, auf der Sie nahezu alles vermieten können, von Kleidung bis hin zu Autos.

20. **Hygglo.se**: Eine Plattform für die gemeinsame Nutzung von Werkzeugen und Gartengeräten in Schweden.

21. **OuiCar.fr**: Eine Peer-to-Peer Autovermietungsplattform in Frankreich ähnlich wie Turo.com

Die Beispiele sollen Ihnen einen Überblick über mögliche Anbieter für Verleihlösungen und Marktplätze geben.

Bitte beachten Sie, dass die Verfügbarkeit dieser Plattformen je nach Region variieren kann, und es ist wichtig, die jeweiligen Nutzungsbedingungen und Richtlinien zu beachten, insbesondere in Bezug auf Versicherung und Haftung. Bevor Sie Gegenstände vermieten oder mieten, sollten Sie sicherstellen, dass Sie die geltenden Vorschriften und Vereinbarungen verstehen.

In dieser Publikation sind Links auf Webseiten Dritter enthalten, für deren Inhalt keine Haftung übernommen wird, welche nicht zu eigen gemacht werden.

Imprint: Independently Published

Druckerei und Bindung:
Amazon Media EU S.a.r.L.
5 Rue Plaetis, L-23338 Luxemburg

Kindle Direct Publishing
https://kdp.amazon.com/de_DE/

Taschenbuch
ISBN 979-8-861-14403-2
1. Auflage 2023